KYOKUSHINKAI KARATE

KIHON
PRÜFUNGSPROGRAMM
10.KYU - 2.DAN

Inhaltsverzeichnis

10.Kyu... Seite 6

9.Kyu.. Seite 34

8.Kyu.. Seite 54

7.Kyu.. Seite 76

6.Kyu.. Seite 108

5.Kyu.. Seite 138

4.Kyu.. Seite 160

3.Kyu.. Seite 194

2.Kyu.. Seite 220

1.Kyu.. Seite 244

1.Dan.. Seite 268

2.Dan.. Seite 296

10. Kyu

10.Kyu

SEIKEN MOROTE TSUKI JODAN

10. Kyu

10. Kyu

Seiken Morote Tsuki Chudan

10. Kyu

10.Kyu

SEIKEN MOROTE TSUKI GEDAN

10. Kyu

10. Kyu

SEIKEN OI TSUKI JODAN

10. Kyu

10. Kyu

SEIKEN OI TSUKI CHUDAN

10. Kyu

10.Kyu

SEIKEN OI TSUKI GEDAN

10. Kyu

10.Kyu

Seiken Jodan Uke

10.Kyu

10. Kyu

Seiken Mae Gedan Barai

10.Kyu

10. Kyu

Hiza Gammen Geri

10.Kyu

10.Kyu

Kin Geri

10. Kyu

10. Kyu

Zenkutsu-Dachi

10. Kyu

10.Kyu

Fudo Dachi

10.Kyu

10.Kyu

Yoi-Dachi

10.Kyu

10. Kyu

Uchi Hachiji Dachi

9.Kyu

9.Kyu

SEIKEN JODAN AGO UCHI

9.Kyu

9.Kyu

Seiken Gyaku Tsuki Jodan

9. Kyu

9.Kyu

SEIKEN GYAKU TSUKI CHUDAN

9.Kyu

9.Kyu

SEIKEN GYAKU TSUKI GEDAN

9. Kyu

9. Kyu

SEIKEN CHUDAN UCHI UKE

9.Kyu

9. Kyu

SEIKEN CHUDAN SOTO UKE

9.Kyu

9.Kyu

CHUDAN MAE GERI CHUSOKU

9.Kyu

9.Kyu

Sanchin Dachi

9.Kyu

9. Kyu

Kokutsu Dachi

9.Kyu

9.Kyu

Musubi Dachi

8.Kyu

8.Kyu

Tate Tsuki Jodan

8.Kyu

8. Kyu

Tate Tsuki Chudan

8. Kyu

8. Kyu

Tate Tsuki Gedan

8.Kyu

8.Kyu

Shita Tsuki

8.Kyu

8. Kyu

Jun Tsuki Jodan

8.Kyu

8. Kyu

Jun Tsuki Chudan

8. Kyu

8. Kyu

Jun Tsuki Gedan

8.Kyu

8. Kyu

SEIKEN MOROTE CHUDAN UCHI UKE

8. Kyu

8. Kyu

SEIKEN CHUDAN UCHI UKE GEDAN BARAI

8. Kyu

8. Kyu

Jodan Mae Geri Chusoku

8.Kyu

8.Kyu

Kiba Dachi

7. Kyu

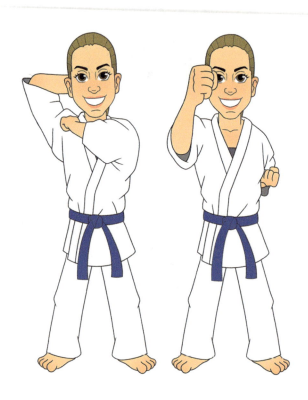

7.Kyu

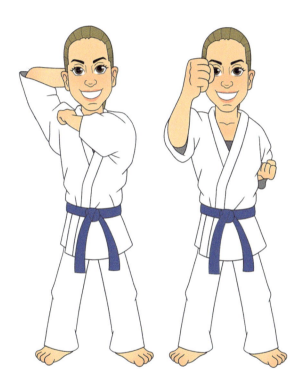

TETTSUI OROSHI GANMEN UCHI

7.Kyu

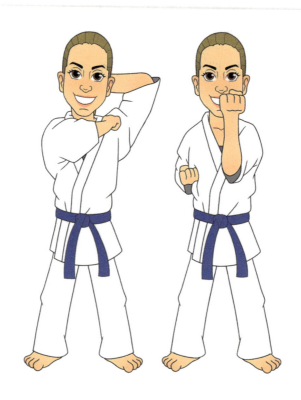

7. Kyu

TETTSUI KOME KAMI

7.Kyu

7.Kyu

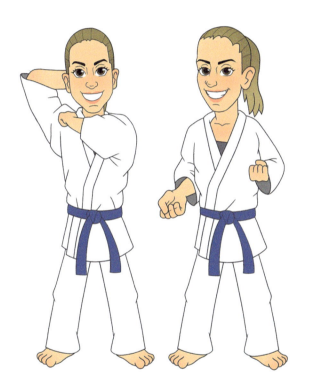

Tettsui Hizo Uchi

7. Kyu

7. Kyu

TETTSUI MAE YOKO UCHI JODAN

7. Kyu

7.Kyu

TETTSUI MAE YOKO UCHI CHUDAN

7.Kyu

7. Kyu

TETTSUI MAE YOKO UCHI GEDAN

7.Kyu

7. Kyu

TETTSUI YOKO UCHI JODAN

7. Kyu

7. Kyu

Tettsui Yoko Uchi Chudan

7.Kyu

7.Kyu

TETTSUI YOKO UCHI GEDAN

7. Kyu

7.Kyu

SEIKEN MAWASHI GEDAN BARAI

7. Kyu

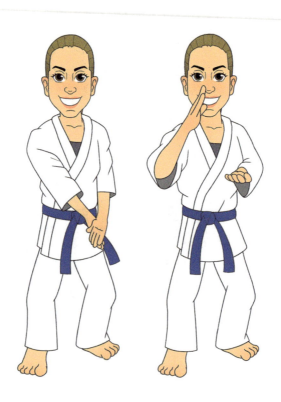

7. Kyu

Shuto Mawashi Uke

7.Kyu

7. Kyu

Mae Chusoku Ke Age

7.Kyu

7. Kyu

TEISOKU MAWASHI SOTO KE AGE

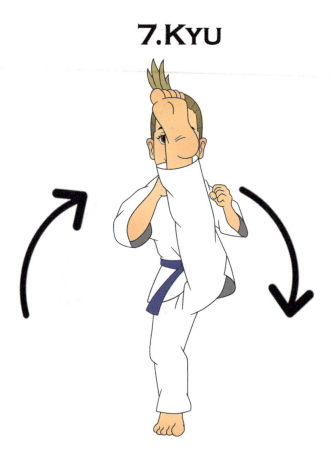

7. Kyu

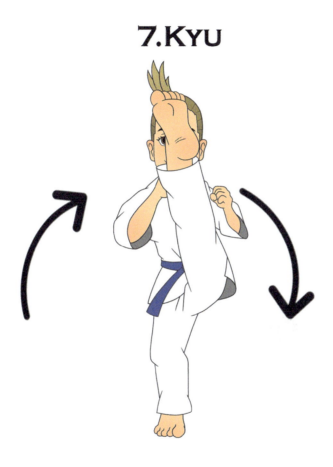

Haisoku Mawashi Uchi Ke Age

7.Kyu

7. Kyu

SOKUTO YOKO KE AGE

7.Kyu

7. Kyu

Nekoashi Dachi

6. Kyu

6. Kyu

URAKEN GANMEN UCHI

6. Kyu

6. Kyu

URAKEN SAYU GANMEN UCHI

6.Kyu

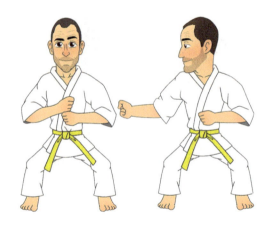

6. Kyu

Uraken Hizo Uchi

6.Kyu

6. Kyu

URAKEN OROSHI GANMEN UCHI

6.Kyu

6.Kyu

URAKEN MAWASHI UCHI

6.Kyu

6. Kyu

Nihon Nukite

6.Kyu

6. Kyu

YONHON NUKITE JODAN

6. Kyu

6.Kyu

YONHON NUKITE CHUDAN

6. Kyu

6. Kyu

SEIKEN JUJI UKE JODAN

6. Kyu

6. Kyu

SEIKEN JUJI UKE GEDAN

6. Kyu

6.Kyu

MAWASHI GEDAN GERI HAISOKU

6. Kyu

6. Kyu

MAWASHI GEDAN GERI CHUSOKU

6. Kyu

6. Kyu

Kansetsu Geri

6. Kyu

6. Kyu

Chudan Yoko Geri

6. Kyu

6. Kyu

Tsuruashi Dachi

5. Kyu

5. Kyu

Shotei Uchi Jodan

5. Kyu

5. Kyu

Shotei Uchi Chudan

5.Kyu

5. Kyu

SHOTEI UCHI GEDAN

5.Kyu

5. Kyu

Jodan Hiji Ate

5. Kyu

5. Kyu

Shotei Uke Jodan

5.Kyu

5. Kyu

SHOTEI UKE CHUDAN

5.Kyu

5. Kyu

SHOTEI UKE GEDAN

5. Kyu

5. Kyu

CHUDAN MAWASHI GERI HAISOKU

5.Kyu

5. Kyu

Chudan Mawashi Geri Chusoku

5. Kyu

5.Kyu

USHIRO GERI CHUDAN

5.Kyu

5. Kyu

Moroashi Dachi

4. Kyu

4. Kyu

SHUTO SAKOTSU UCHI

4. Kyu

4. Kyu

SHUTO YOKO GANMEN UCHI

4. Kyu

4.Kyu

Shuto Uchi Komi

4. Kyu

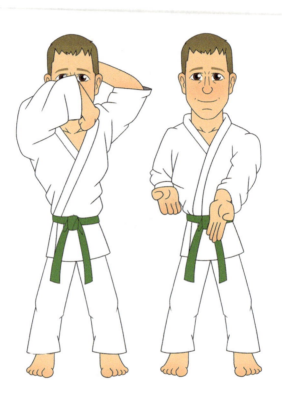

4.Kyu

SHUTO HIZO UCHI

4. Kyu

4. Kyu

SHUTO JODAN UCHI UCHI

4.Kyu

4. Kyu

SHUTO JODAN UCHI UKE

4.Kyu

4. Kyu

Shuto Jodan Uke

4. Kyu

4.Kyu

SHUTO CHUDAN UCHI UKE

4.Kyu

4.Kyu

SHUTO CHUDAN SOTO UKE

4.Kyu

4. Kyu

SHUTO MAE GEDAN BARAI

4. Kyu

4. Kyu

Mae Shuto Mawashi Uke

4. Kyu

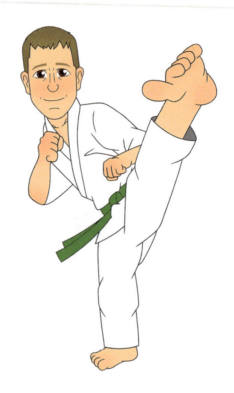

4. Kyu

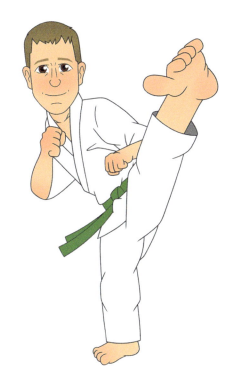

Jodan Yoko Geri

4. Kyu

4.Kyu

JODAN MAWASHI GERI CHUSOKU

4.Kyu

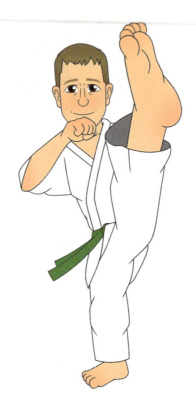

4. Kyu

JODAN MAWASHI GERI HAISOKU

4. Kyu

4.Kyu

JODAN USHIRO GERI

4. Kyu

4.Kyu

Heiko Dachi

4.Kyu

4.Kyu

Heisoku Dachi

3.Kyu

3.Kyu

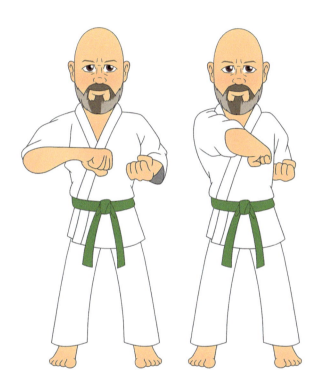

Chudan Hiji Ate

3. Kyu

3. Kyu

Chudan Mae Hiji Ate

3.Kyu

3. Kyu

Age Hiji Ate Jodan

3.Kyu

3. Kyu

Age Hiji Ate Chudan

3.Kyu

3. Kyu

Ushiro Hiji Ate

3.Kyu

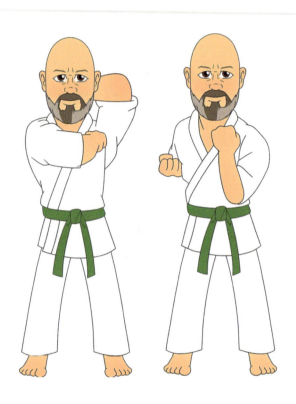

3.Kyu

Oroshi Hiji Ate

3. Kyu

3. Kyu

SHUTO JUJI UKE JODAN

3. Kyu

3. Kyu

SHUTO JUJI UKE GEDAN

3. Kyu

3.Kyu

Mae Kakato Geri Jodan

3.Kyu

3. Kyu

Mae Kakato Geri Chudan

3.Kyu

3.Kyu

Mae Kakato Geri Gedan

3. Kyu

3. Kyu

Jodan Ago Geri

3.Kyu

3. Kyu

Kake Dachi

2. Kyu

2. Kyu

HIRAKEN TSUKI JODAN

2. Kyu

2.Kyu

HIRAKEN TSUKI CHUDAN

2.Kyu

2. Kyu

HIRAKEN OROSHI UCHI

2. Kyu

2.Kyu

HIRAKEN MAWASHI UCHI

2. Kyu

2. Kyu

Haisho Jodan

2. Kyu

2. Kyu

Haisho Chudan

2. Kyu

2.Kyu

Ago Jodan Tsuki

2. Kyu

2.Kyu

KOKEN UKE JODAN

2.Kyu

2.Kyu

KOKEN UKE CHUDAN

2.Kyu

2.Kyu

KOKEN UKE GEDAN

2.Kyu

2. Kyu

Tobi Nidan Geri

2. Kyu

2.Kyu

Tobi Mae Geri

1.Kyu

1. Kyu

RYUTOKEN TSUKI JODAN

1.Kyu

1.Kyu

RYUTOKEN TSUKI CHUDAN

1. Kyu

1. Kyu

NAKAYUBI IPPON KEN JODAN

1. Kyu

1.Kyu

NAKAYUBI IPPON KEN CHUDAN

1.Kyu

1.Kyu

OYAYUBI IPPON KEN JODAN

1. Kyu

1.Kyu

OYAYUBI IPPON KEN CHUDAN

1.Kyu

1.Kyu

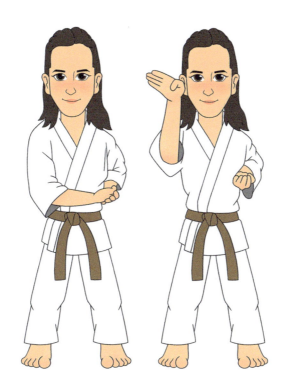

Kake Uke Jodan

1.Kyu

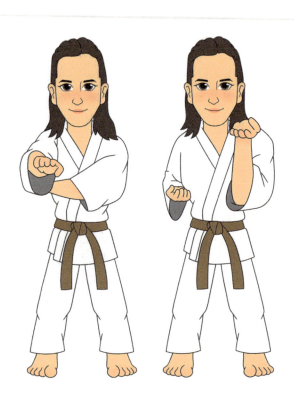

1. Kyu

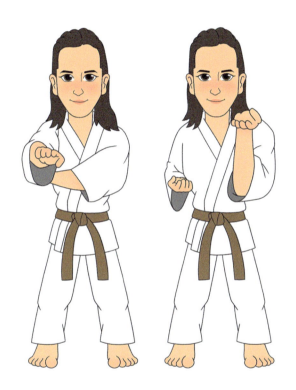

Chudan Haito Uchi Uke

1. Kyu

1.Kyu

JODAN UCHI HAISOKU GERI

1. Kyu

1.Kyu

OROSHI UCHI KAKATO GERI

1.Kyu

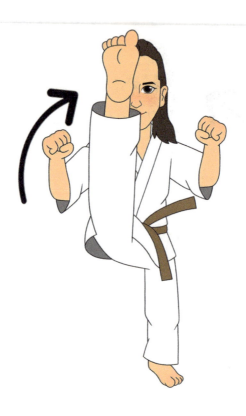

1. Kyu

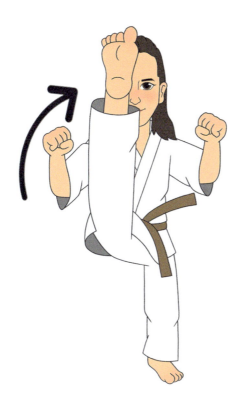

OROSHI SOTO KAKATO GERI

1. Kyu

1. Kyu

Tobi Yoko Geri

1.Dan

1.Dan

Morote Haito Uchi Jodan

1.Dan

1.Dan

MOROTE HAITO UCHI CHUDAN

1.Dan

1.Dan

Haito Uchi Jodan

1.Dan

1.Dan

Haito Uchi Chudan

1.Dan

1.Dan

Haito Uchi Gedan

1.Dan

1.Dan

MOROTE KAKE UKE JODAN

1.Dan

1.Dan

Osae Uke

1.Dan

1. Dan

KAKE GERI KAKATO JODAN

1.Dan

1.Dan

KAKE GERI KAKATO CHUDAN

1.Dan

1.Dan

KAKE GERI CHUSOKU JODAN

1.Dan

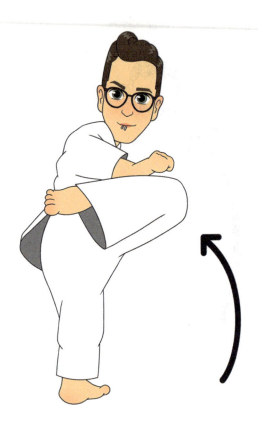

1.Dan

KAKE GERI CHUSOKU CHUDAN

1.Dan

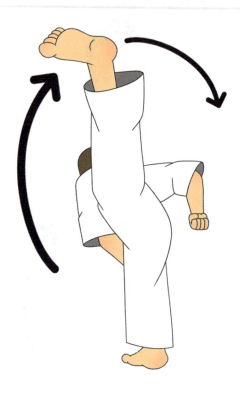

1.Dan

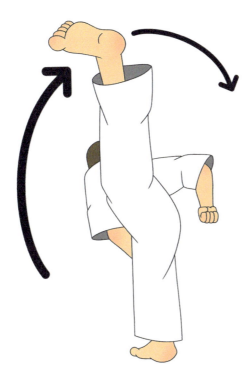

USHIRO MAWASHI GERI JODAN

1.Dan

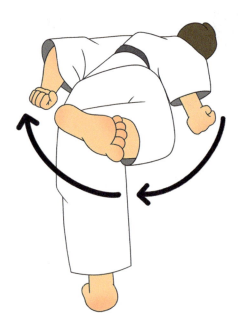

1.Dan

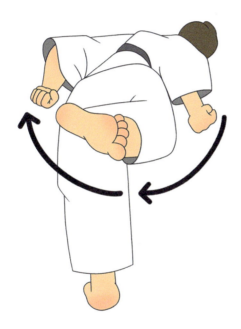

USHIRO MAWASHI GERI CHUDAN

1.Dan

1.Dan

USHIRO MAWASHI GERI GEDAN

2. Dan

2.Dan

Toho Uchi Jodan

2. Dan

2.Dan

Keiko Uchi

2. Dan

2.Dan

Ippon Nukite

2. Dan

2. Dan

Hiji Uke Chudan

2. Dan

2.Dan

Shotei Morote Gedan Uke

2. Dan

2. Dan

SHUTO MOROTE GEDAN UKE

2. Dan

2.Dan

Tobi Ushiro Geri

2.Dan

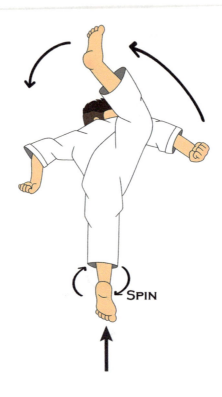

2.Dan

TOBI USHIRO MAWASHI GERI

2.Dan

2.Dan

Tobi Mawashi Geri

2. Dan

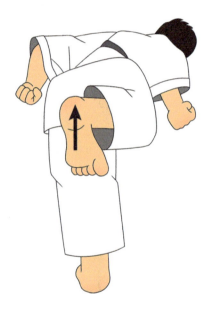

2. Dan

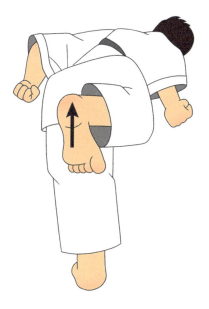

Age Kakato Ushiro Geri